빵지순례

문장시인선 026 　오상량 시집

빵지순례

인쇄 | 2024년 10월 15일
발행 | 2024년 10월 18일

글쓴이 | 오상량
펴낸이 | 장호병
펴낸곳 | 북랜드
　　　　04556 서울 중구 퇴계로41가길11-6, JHS빌딩 501호
　　　　41965 대구 중구 명륜로12길 64(남산동)
　　　　대표전화 (02)732-4574, (053)252-9114
　　　　팩시밀리 (02)734-4574, (053)252-9334
　　　　등록일 | 1999년 11월 11일
　　　　등록번호 | 제13-615호
　　　　홈페이지 | www.bookland.co.kr
　　　　이-메일 | bookland@hanmail.net

책임편집 | 김인옥
기　　획 | 전은경
교　　열 | 서정랑

ⓒ 오상량, 2024, Printed in Korea
저자와의 협의하에 인지를 생략합니다.

ISBN 979-11-7155-090-6 03810
ISBN 979-11-7155-091-3 05810 (e-book)

값 10,000원

문장시인선 26

빵지순례

오상량 시집

북랜드

책머리에

〈기뻐하며 살자〉라는 가훈을 걸어놓고 50여 년 살면서 즐거워 박수치며 좋아한 날이 얼마나 있었을까요?
 등단하던 날, 제 인생의 화양연화花樣年華라 했는데도 시집을 낸다는 건 제 수준에 사치라고, 종이 낭비라고 만 생각하고 가족들의 의견도 무시했습니다.
 대구문협에서 추진하는 〈문학, 꽃길 가다〉 프로젝트에 힘입어 용기를 냈습니다. 닫아둔 시작노트를 열어 컨테이너가 되든, 꿰맨 지붕이 되든, 시의 집을 한 채 짓겠습니다.
 확실한 하나, 시는 저의 일상에서 꼭 갖고 싶은 디저트쯤요.

> 바람에 말리고,
> 지우고 빈털터리가 될까
>
> 아니에요
>
> 달콤한 질주에 박수치며 바라보는 일
> 그것도 집중하는 뜨거움
>
> 하마터면 잊을 뻔
>   -「지우개」, 운전면허증을 반납하면서

차례

- 책머리에

1 고향

고향 … 12
소녀의 꽃 … 13
유채꽃 바다 … 14
느티나무 길 … 16
개망초 … 18
산이 붉게 울었다 … 19
중앙로 사랑 … 20
신문 … 21
햇살공원 … 22
진산의 돌거북 … 23
은밀한 시간 … 24
유령마을 … 25
밥, 반찬 … 26
온점 … 28
이름표 … 30
완성이라는 거울 … 32

2 빵지순례

빵지순례 … 34
저녁상 … 36
호두 … 37
여름 하루 … 38
생각 … 39
심원사 … 40
젖 … 41
여름의 태양 … 42
사춘기 … 44
신기한 창문 … 46
소나기 … 48
운동장은 방학 중 … 49
바다 … 50
능소화 … 51
분꽃이 피고 지는 시간 … 52
말의 냄새나 온기 … 53

3 지구를 손가락으로 걷는다

지구를 손가락으로 걷는다 ... 56
산중신곡 ... 57
노을호수 ... 58
옛날의 ... 60
그늘 ... 62
안경 너머로 ... 64
저수지, 저물다 ... 65
독무 ... 66
강정보의 낙조 ... 67
마음이 있는 곳 ... 68
어떤 미로 ... 69
푸른 고래의 시간 ... 70
바다의 노래 ... 71
송해공원 ... 72
가면 ... 73
초승달 ... 74

4 섬

님 … 76
눈꽃 산행 … 77
가로등에도 이름이 있다 … 78
무심 … 79
술이 사람을 먹다 … 80
겨울 찻집 … 82
겨울 강 … 83
산다는 것 … 84
설경 … 86
파킨슨 씨의 외출 … 87
독거노인 … 88
머리카락 … 89
다리 위의 신발 … 90
땅따먹기 … 91
세상은 기도 중 … 92
먼지의 집 … 94

| 발문 | 『빵지순례』를 읽으며/ 이진흥 … 96

1
고향

고향

구름이다
바람이다
꽃이다

금호강 위로 구름이 지나간다
갈대 억새가 꽃을 피워 바람을 환영한다
벌레 소리 새소리 귀 쫑그리는 꽃들까지

가을비 선물처럼 뭇풀들을 쓰다듬어 눕히면
그 이부자리는 잉태하는 생명들의 고향 같아서

하늘의 섬
물속의 섬
모두 다 생명이다

자연의 시간 자연의 소리를 들으며
붐비는 마음을 구도의 자세로
반석 위에 앉혀 놓았다

소녀의 꽃

쑤욱 사란 소녀가 한 아름 꽃으로 왔다
화려하게 전해오는 향기는 덤이다
보랏빛 백합은 경이로움,
화장 붓을 꽂은 듯한 일곱 개의 꽃술
가운데 붓은 하이얀 솟대인가

유행 따라 꽃들도 달라졌다
화가의 손길이 이만큼 섬세할까
수놓은 듯 덧칠된 카네이션
깊을수록 그리운 오묘한 색깔
거베라의 온화한 미소
눈을 의심하는 연둣빛 귀부인들

꽃이 들어와 앉은 풍성한 투명 유리병
우리 집이 뭉싯 부드러워지고
소녀도 화사한 꽃빛으로 상기되었다

유채꽃 바다

누가 깨웠을까
바다가 되었다
누가 나오라고 했을까
노란 바다가 출렁인다
어디 갔다 다시 왔을까
멀리멀리 갔다 오면
노란 바다가 될까

빨강 주황 보라 끝동도 달았다
남색 끝동 저고리는
아들 못 낳은 아낙이 입었다는데…

생각 없이 걷게 한다
끝없이 종일 걸어보게 한다
코끝에 감도는 풀내음 향수를 가지고
그냥 웃고 걷는다

노란 얼굴이
마파람 타고 일제히 일렁인다
파도타기 춤을 춘다

회색 빌딩 아닌
노란 유채 바다는 봄 편지다

느티나무 길

　해가 없는 가로수 길을 자분자분 걷습니다 바람이 쏴아 머플러를 흔듭니다 느티나무 낙엽진 거리를 혼자 걷습니다 삼십 년 가까운 느티나무는 저렇게 자태가 아름다워 마치 곱게 차려입은 정숙한 한복 여인 같습니다 수목 지대는 아침저녁 춥지 말라고 알록달록 이불을 덮었습니다 흙이 안 보이도록 푹푹 덮었습니다

　한 움큼 끌어 쥐고 향을 맡았습니다 아, 건초 냄새가 이런 것이군요 담배 냄새랑 닮았습니다 아득한 시간을 쟀습니다 나 어릴 적 나무도 이랬는데, 털옷을 입고 굴렀다가 나도 나무가 되었습니다

　멀리서 노부부 한 쌍이 손잡고 옵니다 아직도 예쁜 모습인데 여자가 절뚝거리고 기대며 잘 못 걷습니다 그 여자도 오래전엔 씩씩했겠지요 세월의 흐름이 느티나무에만 있는 게 아니었습니다 낙엽 이불 덮고 선

나무엔 노랑띠 빨강띠 흰띠, 경기장 같습니다 금방이라도 신호 총소리가 날 것 같습니다 왜 띠를 맸는지 중장비기사에게 물어 보았습니다 뽑아낼 나무 옮길 나무 벨 나무 뭐 그런 거라고 했습니다 어느 곳에서 또 서 싱싱한 모습에 사랑받겠지요 마침 '월명공원 시범 정리사업'이란 플래카드가 걸려있었습니다 두 손 주머니에 찌른 채 느티나무 길을 더 걸었습니다 키 낮은 남천도 같이 걸었습니다 호젓하게 걷는 이 시간이 오래였으면 좋겠습니다

개망초

   하얀 꽃, 거기다 이름도 예쁘지 않은 개망초꽃을 좋아한다 아니
   좋아하기까진 난 그것은 꽃이라 생각도 안 한 관심 밖의 야생화다 한때 나의 별장 테라스 틈 사이로 올라와 긴 시간 나를 기다려 준 하얀 꽃, 늘씬 몸매, 뭔가 도와줘야 할 것 같은 가냘픈 자태, 하얀 작은 얼굴에 반해 뽑지 못하고 그냥 두고 친구했다

   차 한 잔 들고 앉아 들여다보며 얘기하고 마냥 신기해했다 특히 그 집 뒤편 사람이 떠난 빈집 마당엔 셀 수 없이 많은 개망초가 흐드러져 제멋대로 흰 동산으로 부풀게 하고 하얀 이야기로 그득했었다 사람 입김 사라진 그 지붕은 하얀 개망초 꽃으로 더욱 검게 보였었다 그 뒤로 난 하얀 망초 꽃을 그리워하는 사람이 된 것 같다

   하얀 얼굴로 입맞춤하자고 덤비는데

산이 붉게 울었다

바람은 부서운 힘으로 울어대고
불길은 바람을 업고 붉은 눈물 줄줄 흘렸다
독사의 혀처럼 날름거리며 미친 듯 널 뛰던 그날
누구도 이길 수 없는 괴물이 손이 귀로
다치는 대로 끌어안고 물어뜯었다

어루만지던 푸른 손 저만치 떠나려던 봄
그 푸름이 붉은 울음으로 멍들었다
사흘 밤낮을 쉬지 않고 뜬눈으로 울면서 삼켰다
나무둥치는 울다 지쳐 까맣게 쓰러지고
풀도 동물도 그 붉은 울음에 넋을 놓아버렸다

중앙로 사랑

차가 사라진 중앙로를 아시나요?
신호 없이 그냥 건너다니고
아스팔트에 안방처럼 앉아 그림 그려요.

사람 북적이는 중앙로를 아시나요?
도란도란 흐르는 맑은 시냇물
꽃수 놓인 보도 벤치에 나란히 앉아
어깨 기대 시를 읽고 있어요

젊은 거리 중앙로를 아시나요?
작고 소담한 동산마다 미끈 미녀 같은 갖가지 튤립들
버스킹 음악에 술렁술렁 취했어요

연인의 거리 중앙로를 아시나요?
구름모자 살짝 얹은 차도남
하의실종 장다리 차도녀
눈부신 햇살과 바람도 입맞추고 있네요

신문

투둑, 친구가 왔다
브라질도 오고 네덜란드도
중국도 일본도 함께 왔다
하, 반상회 하나?
아니, 국제회담이다

오늘도 커피 공부한다
에스프레소 향이 코끝을 간질인다
바흐의 커피칸타타도 흘러나오고
안목항도 나오고
커피 박물관도 나왔다
네 덕에 지도도 폈다

원두 한 잔 들고 다시 앉는다
꽃 향도 김도 따끈하다
내 친구 사랑한다
내일도 모레도 함께하자

햇살공원

퍼클러 벤치마다 햇살 한 줌씩 쥐고
철학하는 사람들이 있다
그냥 보기엔 시끌벅적한 그곳은 할 일 없는 나라다
옛날에 한 가락 했다고 목주름마다 든 얘기 쏟아내고
듣는 이도 자기는 소설 한 권 쓰고도 남는다고 열을
올린다

엘니뇨 얘기 나오다 드라마 주인공이 이러쿵저러쿵
거무스레 주름진 얼굴의 사람들 이야기는 끝이 없다
나와 다른 사람은 어떻게 살고 있는가, 나의 모습은
아닐지
서로들 자기 이야기에 취해 옥신각신한다

누군들 반짝이던 날들만 있었겠나!

나뭇가지에 옹그리고 앉아듣던 새도 한 마디 거든다
머리 위 햇살 이고 빨리 집으로 돌아가라고

진산의 돌거북

거북은 물의 신이라 했던가
연귀산의 돌거북은 머리는 앞산으로
꼬리는 팔공산으로 엎드려
대구의 불기운을 다스린단다
등만의 그림은 시는 이치를 가르쳐주고
가슴속 불덩이도 눌러주며
머리는 숨었다 나왔다 망을 보고
공산의 기운으로 둘러싸여 겉 다르고 속 다른
사람 없다
힘찬 꼬리의 움직임으로 팔공산을 다스렸으니,
쩍쩍 갈라진 논밭이 가슴 아파 엎드려
하늘께 비는 절박함을 보았듯이
전쟁 속에서도 끄떡없는 지맥을 주었다
형형색색 복장으로 팔공을 오르는 이유
이제 알겠다, 대추나무 방망이처럼
모두들 구도의 마음으로 찾는 건 아닐까
오늘도 한티재는 자동차로 만원이다

은밀한 시간

화장실에 앉아 정면 타일에 그림 그린다
제비꽃도 그리고 개나리도 그린다
담쟁이도 올려보고 수세미도 올린다
내 마음대로의 생각의 그림을 그린다

우둘투둘 타일 바닥을 센다
곰돌이 스티커도 여기저기 붙였다 뗐다
거기엔 발자국도 그리고 초록 잔디도 깐다
머리카락도 세고 먼지도 센다
그러다 후- 날려버린다

은빛 타일에 흰 타일의 아랫도리
매일 아침 바라보며
간밤 꿈의 퍼즐을 맞춰보는 나만의 시간

유령마을

거긴 그랬어

섬뜩한 붉은 페인트의 낙서들
위험, 귀신, 접근 금기, 붕괴, 질서서불……
서항하기 위해 힘들게 살다 간 흔적들

인적 없는 골목길은 음산했어
외등도 오는 잠을 쫓으며
누군가의 퇴근길을 기다리는 것 같았어

유령 마을이 된 쓸쓸한 도시
초승달도 외로운 노파 살피고 간 거기
꿈이 문밖에 와 있는 줄 알았는데

붉은 낙서랑 쓰레기만 남은 골목에
어디로도 떠날 곳이 없는
노파만 유령처럼 남아있었어

밥, 반찬

냉장고를 열었다
책이 있었다
백 가지가 넘는 레시피에 그림까지
신기한 눈길을 돌렸다

애호박과 새우젓갈
고사리와 쇠고기
미역국에는 쌀뜨물

서로 짝이 있다고 눈에 힘을 준다

먼저 세련된 맛 간장이,
레시피보다 먼저 읽힌다
다 무시하라고 유혹한다

스케일링하는 삼십여 분 치과 대기실에서
눈으로 스캔한다
오늘의 레시피를 냉장고에 넣었다

〉
책 속에 밥과 반찬이 한 상이다
한 페이지씩 열 때마다
우리 집 냉장고가 열렸다 닫혔다

온점

기발한 생각들
히말라야 복장들

배낭을 메고 도시락을 메고
우툴두툴 껍질들의 얘기에 박수치던 잎들
이십이 년의 목요일이 그림 속에 얼음땡

냉장고를 통째 들고 오는 레시피들
흔들리는 악보에도 주저 없던 여인들

신열을 내리려 데크를 걸어도
싱싱했던 그날들에 이 여름을 앓는다

파쇄된 날, 날들

멀리 절골을 건너다 물에 빠진 친구,
저며 썰기하던 수리봉의 물 폭탄,

용감한 여인들의 대야산 정복도 다시 보고싶다

그녀들과 함께

* 40여 명의 여자 모임이 코로나로 단절되었다가, 계획서, 명부, 기록물들을 파쇄, 해체하며

이름표

검은 흙 반대기 덕지덕지 붙인 듯한 혹들을 매달고 있는
그들 모두 55-몇이라는 이름표를 갖고 있다

이리 두툴 저리 두툴 오백년 시간을 거기 반대기에 새기고
기쁨의 눈물도 보고 벅찬 감격도 함께했을 것이다
비바람 불어도 흙먼지 날려도 벌레처럼 뱀처럼
삭풍 태풍 다 끌어안고 암 덩이들이 점령한 왕버들 55주*
일상의 얘기들을 적고 역사를 차곡차곡, 저렇게 거칠다

별별 이야기 모두 담고 아로새기고 있는 55-7
뭇 생명 지키러 오장육부 다 도려내고 텅텅 비어버린,
하늘바라기하며 별도 달도 벌레들도 담고 바람이 숭숭
잎이 난다고 낙엽 진다고 숨 쉬고 있다고 말한다

바라보는 이들 모두 55-7을 연민의 눈으로 쳐다본다
물을 빨아올리는 우렁찬 소리 들리지 않은 지 오래
힘겹게 고통스럽게 헐떡이며 입술이 마르다

펼친 신문만 한 구멍들 외투 벗어 칭칭 동여 싸매
주고 싶다

 버들 중의 왕이라고 나무 중의 왕이라고 넓은 왕좌
시키고 있다
 천년을 지킬 왕버들 55주 그 이름표 달고 거기
오래 서 있으라

* 성주 성밖숲 왕버들 55주(국가지정천연기념물 제403호)

완성이라는 거울

본보기 거울이 많아
그 거울이 보고 싶은 이들은 은빛으로 뜨겁다

백년 뿌리 짚고 살피는 패셔너블 소나무
껍질을 트면서 큰 개미 나무 마음 읽기 바쁘고
하늘청소에 구름 비껴 앉히고 사양정사 한강학 풍월했나
거기가 거울로 본 〈오선생예설〉〈오복연혁도〉 완성처라네

사복대는 벌레들에게 내어준 자연 속 사수 한강공원
예학의 꿈 정구 선생의 사빈서재 제자들 줄 섰다
사양정사 고고한 마루 올라 매미 노래에
몇 자 긁적이다 멍 때리다 거울 속 선비 따라
부채박자 맞추다 칠백삼십 리 선유놀이에 한 줄 짓고

돌마다 글이요 풀밭마다 돌이어 방아깨비 방아찧고
도시 속 사양정사 군더더기 없는 자태에 끌려
사세기 오세기 전 완성이라는 거울 속에
　선비들의 글 읽는 소리 금호강 바람 타고 들린다

2
빵지순례

빵지순례

빵 냄새에 스며든 고소한 유혹
잘 진열된 빵은 자꾸 손이 간다

크고 작은 타이틀과 컬러 사진까지
샅샅이 훑으며 맛보고 비판한다

에스프레소 한 잔에 아아도 가득
하루에도 두어 시간 지구촌 누빈다
안경 밑 얼굴에 땀띠까지 달고

종이 쓰레기 수거하는 화요일 아침
신문지 한 아름 안고 내려가니
저 위층 신사분 인사 말씀,
"아직도 종이신문 보세요?"
"네, 아주 열심히요, 이게 밥인데요"

언제나 첫 면에서 끝 면까지
맛있는 빵에서, 싫어하는 크로켓까지

빠짐없이 먹고 즐기고 비난하는데

빵지가 없는 토, 일요일에는
폰에서 이것저것 찾아 먹는다

저녁상

그림자가 내 키보다 훌쩍 더 자라는 늦은 오후

하얀 밀가루에, 콩가루 뿌려지고 달걀 깨뜨리면
무작정 대문을 나서 늦도록 밖에 있었다

눈부셔 찡그리고 돌 다섯 개 주워 공기도 하다
떠드는 소리 찾아 한바탕 놀고 돌아오면

할아버지 할머니 몰래 슬쩍 냄비밥 들여놔 주시던 밥상
언니들 보기에 살짝 민망했던 그 시절 그 저녁상
칼국수 삶는 냄새가 왜 그리 싫었을까

꿈속인 듯 그렁그렁 그리운, 오늘 둘만의 저녁 식탁

호두

-사갑 기러워!
-사람이 기러워!

백 번의 봄과 백 번의 가을을 보았다
똑같은 봄 똑같은 가을은 없더란다
할머니는 호두나무를 닮고, 호두나무는 할머니를 닮았다

국수 밀어, 썰어놓은 것 같은 주름살에
겹겹의 시간이 들어 있다
낚시 말고, 놀아달라 보채던 그 낯선 할머니
그곳에서 기러운 시간을 차례로 꺼낸다

여름 하루

금싸라기 같은 햇살이 좌르르 쏟아진다

매미가 여름여름 하고 떠나갈 듯 우는 하루
등골에 줄줄 끈적이는 땀
차라리 잠깐 죽어 있고 싶은 여름
달력에서 나온 하루가 살그머니 내게로 왔지만
여름 하루는 살아내는 것조차 버겁다

뜨거운 햇살이 이글거리는 여름
발끝에서 머리까지 스트레칭하면
마음도 따라 생기 도는 풍선 될까

선물 같은 하루를 살아 팔딱이는
방향키를 잡고 적당히 흔들리면
고맙게도 무사한 저녁이 저만치서 손짓한다

생각

나는 두 마리의 개를 키웁니다

편견과 선입견이란 두 마리의 개를 데리고
오랜 시간 껴안고 동거했습니다

그 두 친구는 언제나 곁에 찰싹 달라붙어서
부정확한 언어들로 근거 없이 나를 몰아갑니다
입는 것 먹는 것 잠자는 것까지도 까다롭게 굴었습니다
옹졸한 생각의 굴레를 씌워놓고
스마트한 세계에 진입조차 방해했지요

아 그런데 요즘 맵시 있는 말로 조곤조곤
안내해 주는 글로벌 거미 망에 빠졌습니다
아락바락 달려드는 두 친구를 이제는 놓을까 합니다

심원사 深源寺

갑자기 대낮인 걸 깨닫는 깊은 절 앞마당
쳐다본 높은 가야산에 곳곳이 법당이다

부처님 왼팔은 바위를 다스리는 우렁찬 계곡 물소리
오른팔은 긴 팔을 허공에 뻗어 한꺼번에 쏟아지는
폭포 소리
옥수로 목 축여 불경이라도 외라는 말씀일까

대웅전 꽃살 무늬는 어떤 남자를 빌려왔을까
화려한 처마 단청은 스마트한 예술 융합의 색채인가

꽃살 무늬 큰 문안 어마어마한 부처님 아래
목탁 치며 절하는, 가사 장삼의 늘씬한 스님처럼
이름을 새긴 돌계단들이 엎드려 영원의 기도 중인가

그 계단을 사다리로 높은 가야산에 오르면
물첨벙이라도 할 것 같은데

웅장한 석벽 앞 반석에 정좌해 눈을 감았더니
한 조각 마음이 잡힐 듯 아롱거린다

젖

나무가 수의를 벗는 망각의 계절도 지났는가

깨어나는 모든 것이 눈부신
찻잔처럼 따뜻한
남도의 한정식 같은 종합선물세트 봄

비릿하게 와닿는 빗물은 대지의 젖
풀 한 포기 나무 한 그루도
아기나 송아지같이 젖으로 키워지고

모유 맛을 잊은 사람도
고로쇠 수액 받아 나무 젖을 마신다

나무는 상처도 마다 않고 피가 줄줄 흐르고
육신이 쑤셔도 검은 젖 흰 젖 모두 쏟아
사람들에게 종이, 비누, 도료, 송탄유로 내어주고

기꺼이 상처에 젖을 발라 스스로 치유하는
놀라운 인술의 어머니
모든 생명은 자연의 젖으로 살아간다

여름의 태양

여름으로 한층 더 들어가는 시간
칠월의 태양은 건강한 숲을 만든다

하나 둘씩 수놓아 태양 빛을 끌어당기는,
덩굴져 타오르는 절박한 그리움,
향나무 끝까지 올라 치렁치렁 매달려
받은 햇볕만큼 쏟아내는 걸까
능소화의 트럼펫 소리가
멀리서 가까이서, 춤추는 바람결에 실려 오더니
연주 끝난 태양빛 트럼펫을 고이 떨어뜨린다

초록개구리가 지붕하고 있는 운암지 연잎
태양빛이 따끈따끈 밟고 지나간다
그럴수록 더 두꺼워져 연못 가득이다
부들도 이웃하여 씩씩하고 키가 크다

햇볕과 바람의 공덕으로 바르게 살려는 나나
능소화 연의 삶이 무엇이 다르랴

빨간 접시꽃 따다 하얀 아이스크림 나누어 먹고 싶은
뜨거운 여름 오후

내일의 뜨거운 태양은 건강한 편백 숲으로
나를 슬쩍 밀어 넣어줄 것 같다

사춘기

   아빠 : 시험은 잘 봤지?
     딸 : 시망했어요
   엄마 : 초영이는 잘하잖아
     딸 : 초영이 극혐이지
         혼자서 개이득 봐서*

블랙홀에 빠진 듯한 얼굴은 불안하다
그러나 꽃이 핀다 봄을 먹고
몽돌처럼 매끈매끈 만져지다
태풍처럼 몰아칠 먹구름도 품었다
누구도 그 마음 모른다고 닫아버린다

머리 속에 검은 바다를 가졌다
블랙의 마법, 황홀한 블랙의 강렬한 존재감
나를 배신하고 돌아선 삶의 바로 그놈들이 모여
살아내는 너의 힘으로 작용하겠지

어느새 세상이 조용히 바로 선다

마구 깊어진 봄 햇살이 따끈하다

*'안녕 우리말'이란 어느 방송 프로그램에 나온
부모와 딸의 대화

신기한 창문

두 팔 벌린 만큼의 커다란 액자가 걸린
나의 캐빈에 그림을 자꾸만 바꾸어 걸었다

가로누운 저 느슨한 수평선을 당겨 액자에 오래오래 걸어 놓았다 보이지 않는 물속 골짜기에 꿈틀대는 초록비늘이 하염없이 출렁이다가 어느 곳에는 수평선 위에 뒤척이는 구름도 눈물어린 눈으로 바라보며 금방이라도 커다란 괴물이 튀어 오를까 두려운 그림으로 바뀐다 뜨는 해도 그리고 쉬러 가는 빨간 해도 그렸다

긴 시간 항해에 지칠 때쯤 망망대해에 높고 낮은 바위들의 섬을 만들어 조개도 붙이고 새도 날리고 절벽에 걸터앉아 고기도 잡아보다가 정물인 듯 액자 앞에 엎혀 있다

멀리 컬러풀한 컨테이너에는 무엇들이 실렸을까
어디로 갈까 모두가 저렇게 흘러가는 걸까

〉
 수많은 별들이 유성을 그리다 안개가 자욱하여 물인지 땅인지
 구분이 없다가 환해진 액자에 후쿠오카의 눈부신 태양이
 인사차 들러 꾸벅꾸벅 살피더니 어느새 액자 속에 들어갔다

 별도 물도 태양도 그리는 그 신기한 액자 앞에 요람을 타고 있었다

소나기

웅장하고 힘찬 음악으로 차창을 두드린다
단단한 조임이 풀어졌을 때
흙냄새 흠뻑 마셨다
작은 틈이라도 있었으면
금세 평화를 덮쳐버릴 것 같은 기세

빗방울끼리 만나
수평선에 먼저 닿으려 몸부림치며
달려가는 모습은 치열했다

불빛은 낚싯줄 되어 저마다
깊은 물속에서 뭔가 낚아 올린 차례대로
어두워지다 새벽을 맞았다

활의 미세한 떨림까지 느낄 수 있는
명료한 소리가 자동차 위에 남아있다

운동장은 방학 중

운동장에 띠가 빙빙 둘러쳐 있다
-우레탄 트랙 유해성 검사 결과, 기준치 초과로
트랙 사용을 금합니다
빨갛고 말랑말랑 느낌 좋던 트랙이 시멍시고 받아
검은 이불 넣였다

아이들이 뒹굴고 공 차던 함성이 학원으로 갔을까
배춧잎 주워 토끼들 오물거리는 입 들여다보며
생글거리던 얼굴들이 그립다

교정의 나무들도 방방 뛰던 아이들이 없어 축 처졌나
줄지어 앉은 벤치들, 운동기구들이 찌푸린 얼굴로
먼지를 잔뜩 안았다
해가 서쪽으로 비키면 어른들이 복작거리던 그 고운
트랙은
검은 방탄복 입고 널부러졌다

운동장은 긴 방학 중

바다

거대한 바다가 복식호흡을 한다

밀물지고 썰물지고 어르고 달래고
신발이 무겁다고 느낄 때 해변을 걷는다

꽃 피는 사월은 가도 꽃 지는 사월은 남아
미친 바람 휘몰아치고
푸른 이마 위에 붉은 꽃잎 피범벅이다
와르르 무너지며 햇살 아래 헝클어졌다

수많은 영혼이 잠든 무수한 생명을 잉태하는
아득히 멀어져 간 어느 시절로 쏜살같이 데려다주는
다리가 가벼워지는 그 해변길이 있다

푸른 바람 일렁이는 사이 잠이 들고 잠을 깼다

능소화

입을 헤벌쭉
강렬하게 뜨겁게 벌렸다

입맞춤 후
당신을 향한 트럼펫을 불었다
신나게 불다가 씩씩하게
이파리마다 숨겨두었던 푸른 숨을 토하도록 불었다

장송곡이다

뚝 뚝 뚝
피를 쏟았다

맨발로 붉은 꽃 강을 건넜다

분꽃이 피고 지는 시간

해가 지면
빨간 입술로 밤을 유혹하는 새침데기 여자로 태어나
깔때기 모양의 꽃잎을 나팔처럼 벌려
뽀뽀를 기다리는 예쁜 입술이다

절개 굳다는 대나무도 아니면서 마디마디를 가졌다
아래로는 나란히 손 벌려 아름다운 여인으로 존중받고
위로는 사랑스런 달빛 받아 달빛 향 난다
사람들에게 큰 사랑 못 받으면서도
슬픈 일 무서운 일 일어나지 않게 오늘밤도 불침번 섰다

해가 뜨면
앙다문 입술로 앙증맞은 꽃방망이를, 아니
얌전한 여인의 귀고리를 만들었다
솔직히 언제 입술을 도르르 마는지 알지 못한다
다만 여름을 살면서도 반짝이는 여름은
일생 동안 한 번도 본 적이 없다는 것이다

말의 냄새나 온기

비 비린내가 코끝을 건드리고
개 냄새가 살짝 닿는 듯하다

중학교 삼학년 사촌 누나가 칠박 팔일의
도쿄여행 중이라는 소식에
-와아! 개부럽다! 하고 소리 질렀다
-왜?
넌 집 나가면 개고생이라며!

그 녀석은 곧잘 개를 붙여
개좋다, 개멋지다, 개이득이다를 썼다
아주 매우 정말로 절실할 때마다 튀어나오는 냄새나는 말

요즘은 어디 가도 개가 컹컹 캉캉 마구 짖는다*
사람과 사람의 비릿한 냄새

허기진 외침의 말은 몇 도나 될까?

   * 댓글

3
지구를 손가락으로 걷는다

지구를 손가락으로 걷는다

지구본 위를 손가락으로 걷는다

누군가 산티아고에 간다고 한다
여행하는 영혼의 그리움으로
성인聖人의 순례길, 한 달을 걷는단다

자전하는 지구에 붙어사는 나
거꾸로 선 아파트에 거꾸로 앉아 사색하고
거꾸로 달리는 자동차를 거꾸로 타고

시간은 흘러간 게 아니라
먼지처럼 해마다 늘어나는 나이처럼 쌓이는데
영혼의 문을 열어주기 위함일까
빙하기를 지나온 지구의 심장이 뛰고 있다

햇살 한 섬이 쌀 한 섬이라는 은혜로운 땅에서
손가락으로 걸으며 여기가 어디쯤인지
지구 반대편 산티아고를 찾아보는 나는
이곳을 떠나지 못하는 앉은뱅이 영혼으로 살아간다

산중신곡

낙엽 노크에 창문 열었더니
우우, 산중바람
나무들이 살기 위해 안간힘쓰는 춤이고 노래다

불 끄고 따끈 온돌에 등 붙여 누웠더니
지붕을 젖힌 듯 까만 하늘 가까워 코끝이 시리다
또롱또롱 유혹하는 보석 같은 그대를 어떻게 만져볼까
'라면땅' 속 별사탕 생각나
까만 바람 한바탕 심호흡했더니 뱃속까지 써늘하다

어둠이, 바람이, 나무가 저벅저벅 걸어오기도 하는 그곳
저 높은 나무 끝에 달아놓고 사라진 그대 그리운
보석은 긴 꼬리 흘러도 그림자 남기지 않고
묵언 수행하면 열린다는 저 보석들은 누구의 사리인가

나를 찾아 적막 속에 들었건만 나는 보이지 않는데
잠 뒤척이는 나뭇가지들도 뒤꿈치 들고 보석따기 한다

노을 호수

우리 동네 진호 오빠는 수영을 잘했다
크지 않은 동산 너머 산속 호수에 살았다
어른들이 매우 깊다고들 했지만 잘 알 수는 없었고
다만 두 산 사이 깊이는 어림해도 보통 깊이는 아닐 듯했다
수초를 밀치고 물보라 일으키며 저쪽으로 건너갈 때
이쪽에선 손뼉치고 환호했다
왕버들 그늘 아래서 내지르는 함성에 그는 더 우쭐댔다

건너편은 검고 푸른 절벽이지만 간간이 나무도 자라고
들꽃도 피어 우리를 유혹했다
그 호수는 한 바퀴 산책도 불가능했고
돈다 해도 한 나절은 거뜬 걸릴 것 같았다
우리는 황홀한 붉은 노을을 보고 소리쳐 응원했고
자기 따라잡을 사람 없다고 으스대던 그 오빠
여름이면 왕버들 아래 모두들 모여 놀았다
그 산에는 상수리나무 도토리 야생 대추도 많았다

〉
그해 여름 구절초 꺾으러 갔던 진호 오빠는
구절초 피고 지고 피고 져도
노을 속으로 첨벙첨벙 돌아오지 않았다

옛날의

헤어질 때,
만나면 술 한 잔 사달라던
불현듯 옛날 그 젊은 친구가 생각난다
키 크고 서글서글한 눈을 가진,
멘토가 필요했을까
인생은 리허설이 없는 누구나 흔들릴 때가 있다
젊어도 봤지만, 그때 나 퍽이나 옹졸했을 듯
 술 한 잔하는 사람들의 여유와 재치가 그저 부러
웠다
 나를 내려놓고
 아름다운 세상을 배달하는 추억의 공통분모를 술
한 잔으로 풀어볼래요

 어쩌면 저녁과 어울릴 것 같아 술 한 잔 들고
 가로등 아래 거미줄 밟으며 풀어봅시다
 가족 근황을 물어보고요
 긴 세월을 토닥토닥 넘기며

고생했느냐고도
행복했느냐고도
손톱을 자주 깎는지도

큰 키를 올려다보며 흐른 시간을 꺼내볼게요

그늘

가을은 쉼표인가
미룸도 당김도 이내 저문다

한 점 구름마저 쉬고 있는지
온 하늘 파랑 물감이 뚝뚝 떨어질 것 같다
벤치에 앉아, 편히 누운 듯 쉼표 찍을 때
올려다보는 눈에도
그렁그렁 바다가 내려온다

눈물샘이 퇴행해 파랑 하늘이 더 시린데

열 달의 호텔비도 외상했고
공짜 젖도 투정 부렸는데

어머니,
파랑 바다에 그려봐도 일렁일 뿐
파도가 헤엄쳐오면 그분도 오실까

〉
두 손 가득 보듬어봐도 텅 빈 손
이 가을 마음의 쉼표 찍을 때
그 그늘이 더 사무치는 것을

안경 너머로

눈두덩이가 우렁쉥이가 되었다
렌즈 안의 눈알이 반란을 일으켰나
그만 보라는 경고를, 대강 보고 살라고
볼 것이 그렇게 많으냐고 타박한다

잠자리에 들어야 휴식하는 것
일상에 요긴하던 눈을
하루아침에 거름짜리에 버리기는 어려웠다

버스 안 여학생의 안경 너머로 엿본 세상
조그만 창, 조그만 글자, 조그만 사람
먼 그리움의 시간이 또렷하다

멀리 보고, 조바심내지 않아도 되는 시간이
허락된 이즈음
인생사용 설명서쯤이야 읽지 않아도 되는
저 바다에 맞닿을 하구에 이르렀다오

저수지, 저물다

어미 치마폭 같은 전이 호수 둑에 펼쳐졌다
오래 풀어질 듯 몇 필의 흰 광목치마
너른 가슴 열고, 만져보고 싶은 아들
석양에 붉은 광목 치맛자락이 춤을 춘다

골육을 삼켜버린 퍼런 물을 보고 울부짖다가
천수다라니경을 자꾸 독송하는 그 어미

잉태도 있고 소멸도 함께 있어
호수에 살아 퍼덕이는 생명들이 손짓할 때,
죽을 만큼 힘들게 살아내려 했을 거야

'아를의 붉은 포도밭'* 같은 노을 사태 진 언덕
어미의 속싸개에 따뜻하게 안겼을까
저무는 호수는 갈대를 붙들고 붉은 울음 토해낸다

　* 빈센트 반 고흐 그림

독무

아직 만개한 꽃이고 싶다

심연에서 건져 올린 실파람을 팔이 닿지 않는
그곳까지 가볍게 날리고 싶다
높이 솟는 분수처럼, 쏟아지는 소나기처럼
선율 타는 한 마리 백조
저 하얀 원피스는 절규한다
더 가볍게 더 가벼웁게……

세월만큼 무거운 주름 짊어지고
부르터진 발가락이 닿는 그곳
거기가 날개 단 백조의 터전이다
박수 함성이 우주를 들었다 놓았다 하는 그 힘
거기에 발가락의 아픈 사연이 있었다

아직도 난 만개한 꽃이고 싶다

* 세기의 발레리나 강수진의 발

강정보의 낙조

강물의 석양빛이
시스루의 천들을 촘촘히 짜고
사문진 나루가 낙조를 우러를 때

고운 실오라기 잡고 탄주대에서
가얏고를 연주하면
화려한 물빛의 선율이 퍼질 거야

강물에 풀어 놓은 노을의 가락을
건져 올리면
살아 퍼덕이는 전설의 물고기가 걸릴 거야

밤바람 소리에 디아크가 너울거리고
어도를 튀어 오르는 물고기가
또 다른 디아크가 될 거야

마음이 있는 곳

여기에도 있고 거기에도 있다

머리에도 있고 가슴에도 있다
하늘에도 매달려있고 소나무 가지 끝에도 있다
땅에도 있고 발에도 있다

만지고 그리고 쓰고 가꾸고 보듬고 다듬을 것이다
눈에도 손에도 아주 많은 마음이 있을 것 같다
아니, 거기 다 있다
보고 싶으면 보러 가고, 가고 싶으면 갈 것이다
거기에 마음이 다 보이니까

눈길에 마음이 있다
손에 가득 마음이 있다

어떤 미로

　청록 긴 칠판, 그 벽을 열면 무엇이 보일까
　LED 밝은 조명은 거꾸로 쏟아지고 프로젝션 TV는 벽이 짚어지고 카랑카랑 여선생님 마이크 영어 열강 중, 바위보다 무거운 분위기에 지구를 누르듯 무겁게 앉아 기가 죽있나 거리의 경쾌한 데이트족의 풍경과는 사뭇 다르게 싸늘해야 할 공기는 오히려 뜨거워 점퍼 벗어지고 꽁꽁 겨울이 없어진 미로의 미로 같다

　빌딩숲 동성로 한 공무원 고시학원의 취업준비생들 빈자리 하나 없는 수강 열기에 진지한 눈빛, 노트가 안심되지 않아 녹음도 한다

　빌딩의 바람길 따라 쓸쓸히 쓸리고 보이지 않는 창문이 벽이고 벽도 벽, 그들과 같았다 장님처럼 더듬거리며 네트워크에 매달린 거미도 되어보았다 길이 열릴 때까지 천천히 걸어가는,

　새해 목표는 공무원 시험 합격!

푸른 고래의 시간

메고 다니던 까만 가방이 시간에 절어,
주인을 닮았는지 볼품없이 퇴색되고,
모서리는 벗겨져 누렇게 탈색되었다

빈 집에 배송되어 뒹구는 우편물처럼,
절반쯤 허물어진 울타리를 쳐다보는 마음으로
먼 길 마다않고 찾아갔다

가죽 복원이란 신기술을 만나
그 세월의 더께를 훌훌 벗고 다시 까만,
반들거리는, 쓸 만한 모습으로, 나를 반가이 맞는다

그 절은 시간들을 어떻게 되돌렸을까
이제는 내가 가방을 닮아갈 수는 없을까
푸른 고래 같은 반짝반짝한 시간 가지러
오늘도 도서관을 찾는다

바다의 노래

붉은 아침 바다에 커다란 무지개가 떴다
수평선 팽팽히 잡아당겨 하늘로 받쳐 올린 무지개
그 고운 무지개가 칠현금으로 연주를 한다
둔중하고 깊이 있는 울림판의 소리로
바닷속 깊은 골짜기에서 모은 장중한 바람의 음악으로

무지개가 사라진 후에도 울려오는 화려한 가얏고 소리
굵고 우렁찬 남성적인 거문고 연주도 섞인 듯
그러니 이건 분명 무지개 악단의 칠현금 연주일 게다
끊임없이 쏴아 철썩이는 큰 울림판의 파도 소리
하루 종일 아리- 아리- 아리---랑 아라리요

송해공원

옥연지 수상 다리를 걸으며 촉촉한 가을을 본다
초피나무도 보고 냄새도 맡으며 낯선 것들을 찾아보는데
확 스치는 바람에 파르르 떠는 꽃무릇 따라 나도 떤다

호수가 단풍을 불러와 새로이 단장을 하고
억새들의 군무를 즐기며 물오리 가족도 따라오고
나의 리듬에 맞추어 물속 나무들도 춤추며 따라온다

물위에 걸쳐진 죽은 나무들의 마음을 읽는다
긴 시간 걸어서 까맣게 전 이력이 있고
너덜거린 삶들을 챙겨 기억의 서사들이 걸려 있다

노을 쪼갠 햇빛가루 뿌려 호수가 한껏 반짝이는데
우렁찬 폭포 반주에 오리들이 집을 찾는 시간
멀리 산들이 병풍 쳐지고 자동차들이 물속으로 달린다

가면

얼굴이 가면일까?

가면은 참 편리하기도 하다 나 아닌 척도 할 수 있다
각자의 가면 속에서 적당히 살아간다
악동이란 오명이 싫어 운동장에 가면을 쓰고,
뛰고 싶었다는 축구선수도 있었다
숨기기 위한 가면이

가면을 안 쓰고도 다른 얼굴을 할 수 있어,
'사랑과 영혼'이란 영화에서도 그랬다
친구를 배신하는,

그렇다면 살아가면서 몇 개의 가면을 준비해야 할까?

'복면가왕'이란 TV 프로처럼 가리면 노래가 더 잘 불러지고,
탈의 뒤에서 마음껏 소리친다고,
누군가 찾아내려 애쓰는
모습에 재미를 위한 가면이

초승달

느티나뭇가지 끝에 눈썹달이 걸려 있다

오른손 벌려 맞으면 초승달이고
왼손 벌려 맞으면 그믐달이래
나 어릴 적 놀이하던 대로 맞춰본다
그러니까 오늘 저 달은 초승달이다

물 지고 있는 저 달은 비가 온다나?
젖은 저 신성한 빗으로 내 머리 빗으면
까맣고 촘촘하게 머리카락 날 것 같다

"언니, 지금 거기 달 떴어?"
"응, 물 지고 있는 달이 좀 쓸쓸하네,
 비가 오려나 봐!"

멀리서도 우린 서로 달을 보고 있구나

4

섬

섬

양반다리로 버스 승강장을 지고 앉은
아니, 떠받치고 있는 그 남자는
오늘도 배만 한 빈 신발 나란히 놓고
깔창 빼내 일광욕시키고 있다

623 649 564 ……

휘리릭 날리는 벚꽃잎 쓸어 담았는지
지난겨울보다 가방이 한껏 더 부풀었다

노선 표지판 숫자가 대문 비밀번호로 보이는데
승강장이 무거워 일어설 수가 없나 봐

오르내리는 사람들이 저리 많아도
무인도에 올라앉은 그 남자 유리벽으로 섬을 만들었는지
덩치가 커 승강장이 더 무거워 보인다

눈꽃 산행

어디서 왔는지 저 하얀 옷들은
따스한 이불이 그리운데 차가운 눈으로 모두 덮였다

안개 흐린 눈빛의 천제단에 맵찬 바람 분다
주목은 더욱 까맣고, 폭설이 하얀 무채색의 태백산
숯덩이 얽어 공중제비시키듯, 왜 여기 뿌리내렸을까

다시는 다른 계절이 없을 듯 얼어붙은,
엄마손 가드를 잡고도 아이젠 맨 발이 미끄덩거리고
저 너머 하얀 머리 감는 강을 본다

하늘샘의 달콤한 물, 뱃속까지 시리게 벌컥 들이켜고
칼바람에 부러진 주목의 겨울나무는
죽어서도 살아내겠다는 의지가 전신에 사무친다

참, 차고 맵구나!
오늘밤엔 떨고 있는 주목을 언 달빛이 끌어안고 있겠다

가로등에도 이름이 있다

한팔 높게, 한팔 낮게 비추는
그는 달서자치구 가로등 114
목을 젖혀 우러렀다
키다리처럼 서서 내려다보던
가로등도 고개 숙여 웃어준다
-뚜벅뚜벅 걸어 집 나간 엄마 찾아 주겠니?

성당 아래 산책길 밤이 없다
두세 명 짝지어 걷는 뒷길
보안등 393도 유쾌하게 걷는다
나무도 싸싸쓰쓰 사람도 두런두런
오늘 밤도 보안등 아래 데이트 중

솔바람 피톤치드 공원등도 심호흡하고
부채 들고 왁자지껄 큰 웃음소리에
15번 공원등이 같이 웃는다
이 저녁 세상 얘기 들을 만하단다

무심

연지燕池 앞에서
토끼풀꽃 커플링 끼고
꽃잎보다 많은 노래 있었네

하얀 꽃잎 물고 뛰던 노을빛
꿈속을 헤엄치며 더듬던 초록 길
미소 속에 둥실 가슴 쿵덕였네

찌든 먼지 훔쳐냈더니
떠 간 시간 속
파안일소破顔一笑,

영혼의 주름에 낙조 겹치고
돌아서는 무심 뒤 긴 그림자,
지팡이 길다

술이 사람을 먹다

모포 하나 말아 든 여인이 오늘도 손수레를 빌렸다
아들 앞세우고 새파랗게 질린 얼굴로 동네를 헤맸단다

벤치는 술병에게 내주고 그 아래 차가운 바닥에
애벌레처럼 말아 누운 빈 술병 같은 그 사람
한쪽 슬리퍼가 벗겨진 맨발, 술이 사람을 먹었다
아들과 둘이서 짐짝처럼 물건처럼 실어오곤 했단다

일에 부쳐 무거운 자루 같은 몸으로 귀가했을 때
좁은 집에 술병과 한데 뒹굴어 쉰 홍시 냄새 가득해도
집에 있으면 그나마 이불로 감싸고 다독였단다

노래방 할 때 취객상대도, 새벽 귀가도 몸서리치는데
 남편의 생트집으로 그마저 접고, 식당에서 마트에서
쉼 없이 일해도
 자녀 학비에 생활에 늘 고초가 심했단다

〉

 이제 남매는 취업했고, 손수레 빌릴 일도, 쉰 홍시 냄새도

 웃음 잃은 그때처럼 지금도 웃지 않는 넋 나간 그 여인

겨울 찻집

하바나는 넓은 창 너머 손끝 시린 물 만지고 앉았다
에스프레소에 꽃이 피고 또 진다
청룡산을 거꾸로 삼킨
숲밭못 끌어와 찻잔 속에 담았다

그곳에는 초콜릿 목소리로 낙서하는 연인들
딱 붙어 달달한 단어 놀이도 하고
스마트폰에 한 몸 되어 얼굴 묻고 낄낄,
오래도록 추억을 짓는다

하염없이 바라보면 거기에 칠면초가 있고
어느덧 하바나는 물위로 미끄러져 뱃멀미할 때
가로등은 보도에 거미줄 치고 망을 본다
마시다 남은 커피 잔은 구석기 유물이 되었다

겨울 강

여름 토요일 오후는 강가로 소풍 갔다
엄마는 쌀 씻고 우린 평평하게 돌방을 깔았다
삭정이 많이 줍겠다고 강기슭을 뛰어다녔다
큰 돌 괴어 솥 걸고 밥을 지었다

새벽에 낚시 나가신 아버지
"오늘은 풍어다 풍어!" 하시며
맵싸한 매운탕을 끓이셨다
강물 속에 헤엄치던 피라미 생각에
먹는 둥 마는 둥 밥만 많이 먹었다

그 강가 오늘은 윙윙 시린 바람만 불어
앉을 사람 없는 돌방을 만들어본다
가장자리 흰 강을 통통 쳤더니 쩡쩡 운다
건너 과수원 아저씨가 '너희들 왔니?' 반기는 소리다

산다는 것

사는 것은 절굿공이처럼 무거울까

겹겹이 걸친 옷 구부정한 어깨에
제 몸보다 더 큰 뻥튀기 자루 둘러메고
이 차창, 저 차창 두드리며
"이천 원, 이천 원."

곰솥 김만큼이나 쏟는 한랭의 입김에도
동신교 지하도 옆 신호등 앞에서
승무고깔보다 더 깊숙이 눌러쓴 헌 모자에
동공 흐린 두 눈밖에 없는 마스크로
언제 보아도 얼굴 한 번 볼 수 없는 저 여인

혹한에 떨어도 자동차 정체만 기다리는
퀭한 눈밖에 없는 저 자루,
뻥튀기 자루만큼이나 큰 삶의 부채
언제쯤 내려놓을 수 있을까

〉
산다는 것
사는 것은 뻥튀기 자루 같은 걸까

설경

눈 덮인 비슬산 암괴류엔 노루가 있다
악어도 있고 새도 있다
깎아 세운 듯한 화산암 위에
눈으로 동물들을 만들어 앉혔다
동물 조각들이 아주 미끈하다
쪽빛 하늘 아래 동물들이 눈이 부시다
그들이 밟고 선 수직절리
기이한 모습에 멍하니 넋을 놓는다

설경에 빠져 동물들을 바라보며 상상한다

돌팔매 한 번이면
탑바위 층바위의 하얀 동물들이 눈밭으로 달아날 거다

버석대는 눈 헤치고 돌 하나 줍는다

파킨슨 씨의 외출

인디언이 말 달리다 뒤를 바라보고 앉았다네요
영혼이 따라오지 못했을까 기다리다 달린대요
어릴 적 '이야기 주머니'의 영혼도 외출을 하나 봐요

아침밥을 먹다 말고 발코니에 갖다 놓고
- 배고플 테니 어서 밥 먹어!
옷방에 손편지 써 놓고
- 여기는 내 집이니 식솔 데리고 얼른 나가!

침대가 편치 못해 방바닥에 자다가
아내의 침대 속에 딴 사내 있다고
한밤에 한바탕 난리를 피우는
그의 영혼은 잠깐씩 어디론가 갔다 오나 봐요

머리에서 꼬물꼬물 귀에서도 소물소물
영혼은 상쾌 모드에서 우울 모드로 넘나들고
남의 무릎이나 어깨에도 들락날락하면서
파킨슨 씨는 시시때때로 외출을 하나 봐요

독거노인

지하철 입구 계단에 홀로 엎드린 저 남자
귀 기울여 바닥이 하는 말을 조용히 듣고 있는가
육체란 짐을 진 한낱 짐승일까

동성로 거리의 많은 사람들이나 간판들
책을 끼고, 가방을 메고, 백화점 종이 가방에 들떠서
부딪치며 건널목을 건너는 겉모습만큼 서로 다른
땅에서 그냥 튀어나온 듯한 모습들

언젠가는 육신을 팽개치고 말 것을 모르는 채
너나없이 모두 혼자일 것을 알지 못한 채
여름이 무더울수록 가을이 위대할 걸 아는,
저 젊은이들의 찢은 청바지가 경쾌하다

머리카락

너는 누구인가

미용실 바닥에 널브러진 머리카락들,
생각들을 벗은 홀가분한 육신들
시간을 버리면 몸은 가볍다

물을 먹고 샴푸 린스 젤을 먹고
먹은 건 같은데 자란 건 전혀 다르고

머리카락이 누구인지 말을 하고
거기에는 정신도 들어 있을까

점쟁이가 방책으로 쓴다고 머리카락
손톱 발톱을 깎아 오랬단다
인간의 개체를 구별하는 무엇이 있기는 한가

미용실 앞
모빌은 뱅글뱅글 돌며
이 생각 저 생각 말고 그냥 들어오란다

다리 위의 신발

바람이 참 좋아

난간을 붙잡고 마음이 헤맨다
보이지 않는 별을 세고
누가 봐 줄까, 나의 별도 걸어놓고
검은 물빛에 흔들리는 불안을 뿌리며
핸드폰을 열었다 덮었다
몇 시간을 서성였다

-오늘 하루 어땠어?
-밥은 먹었어?
-커피 한 잔 어때?

환한 마포대교는 젖은 눈으로
빈 신발만 안고 있다
무거운 짐을 벗어놓고
신발은 가볍다

땅따먹기

따사로운 햇살이 그린
앙상 나뭇가지 그림자에
비둘기들이 구꾸 땅따먹기한다
쪼아대는 부리로 이름 쓰긴가

나 어릴 적 친구랑 종이 위에
땅따먹기하며 쓰던
내 이름 네 이름, 또……
먼 먼 옛날의 종이 위의 이름
그리다 그리다 잃어버린 이름 같은 것

'비둘기에게 모이를 주지 마세요!'
저렇게 많은 비둘기들이 뭘 먹나요?
차가운 보도블록 콕콕콕

구꾸 구꾸 구꾸
그들도 나처럼
언젠가 잊혀질 이름을 쓰나

세상은 기도 중

 모처럼 우리 동네를 걸어보았다 만 보의 걸음, 걸음 기도가
 깃들도록 천천히 걸었다 초등학교 야외학습장에 앉아 암석 전시를 보며
 경전인 듯 읽어보았다 뻥뻥 뚫린 배춧잎, 벌레 먹은 배추 화분도
 배추벌레의 기도였을까

 맛있는 점심을 먹고 카페에 들러 에스프레소를 마주하고 앉아, 창밖의
 기도하며 서 있는 공원의 나무들도 보았다 알몸으로 서서 간절한 기도 중이다
 곁에서 일하는 키 큰 남자 바리스타도 좋은 커피 내리려고 기도를 한다
 공원의 빈 벤치도 엎드려 기도 중이고 장기판을 마주 앉은 저 노인들도 소리없이 기도하고 있을 것이다

 얼마 안 있어 동지가 온다 이십사절기의 첫 번째

절후에 맞춰
 일 년의 기도를 해야겠다
 하얀 쌀가루를 두 손으로 정성껏 비벼, 비벼가며 빌어야겠다
 동실동실 기도가 새알심이 되어 쟁반 가득 쌓이도록

먼지의 집

노동은 쓴 뿌리의 달콤한 과실이다

까만 눈만 가진 ET 같은 먼지투성이 얼굴
그래도 그 눈은 꿈을 꾸는 반짝임이 있다
쩡쩡거리는 소음 속에 검은 먼지만 흩날린다
금형에 맞추어 누르고 늘리는 스테인레스 그릇공장
제각각의 작업이 고리 되어 이어지고
팔 어깨의 힘이 굳은살로 옮아간다
납품시간 맞추어 멈춤 없이 이어지는 작업
굳은 손 굳은 마디 노동의 뿌리에서
달콤한 과실을 수확하는 생명줄이다

ET 같던 먼지투성이는 깔끔한 얼굴의 아빠 미소로
늦은 밤 털래털래 먼지 같은 가족에게로 돌아간다

| 발문 |

『빵지순례』를 읽으며

이진흥

발문

『빵지순례』를 읽으며

이진홍 | 문학박사, 시인

　나는 시집을 보면 표제시부터 읽는 버릇이 있습니다. 그래서 이 시집도 제일 먼저 표제시 「빵지순례」를 읽었습니다. 빵지순례라니…. 정보에 둔한 나는 그 말이 낯설어서 인터넷에서 찾아보니 성지순례라는 말을 흉내 내어 맛있는 빵집을 찾아다니는 것을 이르는 말인 것을 알았습니다.

　우리 기성세대의 주식主食은 당연히 밥이지만 요즘 젊은이들은 싫다는 의사표시를 "아이구 밥맛이야!"라고 말할 정도이니 맛있는 빵집을 찾아다니는 게 유행인 모양입니다. 그 점에 착안하여 시인은 일용할 양식처럼 매일 신문 읽는 것을 빵지순례에 비유하여 재미있게 묘사하고 있습니다.

　　빵 냄새에 스며든 고소한 유혹
　　잘 진열된 빵에는 자꾸 손이 간다

크고 작은 타이틀과 컬러 사진까지
샅샅이 훑으며 맛보고 비판한다

에스프레소 한 잔에 아아도 가득
하루에도 두어 시간 지구촌 누빈다
안경 밑 얼굴에 땀띠까지 달고

종이 쓰레기 수거하는 화요일 아침
신문지 한 아름 안고 내려가니
저 위층 신사분 인사 말씀,
"아직도 종이신문 보세요?"
"네, 아주 열심히요, 이게 밥인데요"

언제나 첫 면에서 끝 면까지
맛있는 빵에서, 싫어하는 크로켓까지
빠짐없이 먹고 즐기고 비난하는데

빵지가 없는 토, 일요일에는
폰에서 이것저것 찾아 먹는다

— 「빵지순례」 전문

 이 작품 속의 화자는 인터넷 시대에 살면서도 매일 일어나는 뉴스를 마치 매일 밥을 먹듯이 종이신문에서 읽습니다. 그는 종이신문에 잘 편집된 기사나 사진을 마치 잘 구워서 고소한 냄새를 풍기는 빵에 비유하여 〈읽는 행위〉를 〈먹는 행위〉로 표현하는 것이지요. 그래서 자극적인 기사 제목에 눈이 가는 것을 "빵 냄새에 스며든 고소한 유혹" 때문에 손이 가는 것이라고 합니다. 그리고 신문에서 국내외 뉴스를 샅샅이 훑으며 시간을 보내는 것을 "하루에도 두어 시간 지구촌을 누빈다"라고 합니다. 신문에는 정치 경제 문화 오락 전 분야의 뉴스가 넘쳐서 어떤 것은 에스프레소 맛으로, 어떤 것은 아아(아이스 아메리카노)가 되기도 한다는 것이지요. 쓰레기 수거하는 날 다 읽은 신문뭉치를 버릴 때 "위층 신사분은" 인터넷 시대인 요즘도 종이 신문을 보느냐고 묻는데, 시인은 신문 기사는 뉴스라기보다 밥이라고 대답합니다. 그리고 신문이 오지 않는 주말에는 인스타그램 시대를 살고 있는 현실을 반영하여 스마트폰으로 세계와 접속하여 "폰에서 이것저것 찾아 먹는다"라고 말합니다. 21세기를 살아가는 노년의 일상을 재미있게 잘 드러내고 있습니다.

  그런데 요즘 우리는 반세기 전과는 백팔십도 다르게 춤추고 노래하고 맛있는 음식을 찾고 아름다운 경치를 찾아다니며 풍요한 인생을 즐기고 있습니다. 불과 반세기 전만 해도 매년 어렵게 보릿고개를 지나왔는데, 지금은 우리나라가 경제 대국으로 세계 선진대열에 진입해서 길에는 자동차가 넘치고 도시마다 고층빌딩이 즐비하며 살 먹고 편하게 살아 다이어트를 화두로 삼을 정도가 되었지요. 그러나 산이 높으면 골짜기가 깊어지는 것처럼 밝은 긍정의 벽 뒤에는 어두운 부정의 그늘이 생기게 마련입니다. 다음의 작품은 그런 세태를 잘 보여주고 있습니다.

거긴 그랬어.

섬뜩한 붉은 페인트의 낙서들
위험, 귀신, 접근 금지, 붕괴, 철거 건물……
저항하기 위해 힘들게 살다 간 흔적들

인적 없는 골목길은 음산했어
외등도 오는 잠을 쫓으며
누군가의 퇴근길을 기다리는 것 같았어

유령 마을이 된 쓸쓸한 도시
초승달도 외로운 노파 살피고 간 거기
꿈이 문밖에 와 있는 줄 알았는데

붉은 낙서랑 쓰레기만 남은 골목에

어디로도 떠날 곳이 없는
노파만 유령처럼 남아있었어
　　　　　　　　　　－「유령마을」전문

　이 시는 급격한 산업 발전 과정에서 발생하는 부정적이고 비인간적인 사회의 어두운 그늘을 묘사하고 있습니다. 화자는 지금 도시계획으로 낡은 주택들이 철거되어 주민들이 떠나버린 변두리 마을의 "인적 없는 골목길"을 떠올립니다. 한마디로 "유령마을"이지요. 아마도 도시계획 과정에서 철거당하는 주민들이 정부 정책에 반대하며 벌이는 일종의 투쟁으로 건물벽에 "섬뜩한 붉은 페인트의 낙서들"을 남기고 떠난 모양입니다. 그래서 "인적 없는 골목길은 음산"하고 군데군데 남아있는 흐릿한 외등들이 마치 "오는 잠을 쫓으며/ 누군가의 퇴근길을 기다리는 것"같이 보이는 게 바로 "유령 마을이 된 쓸쓸한 도시" 풍경처럼 떠오른 것이지요. 그런데 이 작품이 보여주는 강렬한 비극의 초점은 아직 떠나지 못하고 남아있는 "외로운 노파"의 존재에 있습니다. 비정한 인간사회에 대비되는 "초승달"만이 "외로운 노파 살피고 간" 다음, 거기 "붉은 낙서랑 쓰레기만 남은 골목에/ 어디로도 떠날 곳이 없는/ 노파만 유령처럼 남아 있었"다는 시인의 말이,

급격한 산업화 과정에서 빚어지는 비정한 풍경이 가슴을 찌르고 있습니다.

그렇지요. 언제나 우리에게는 빛과 어둠, 풍요와 빈곤, 사랑과 미움, 건설과 파괴 같은 이분법적인 대립이 있게 마련이지요. 그래서 우리들의 생각도 두 가지로 갈려 양자의 대립과 화해를 경험하는 것 같습니다.

나는 두 마리의 개를 키웁니다

편견과 선입견이란 두 마리의 개를 데리고
오랜 시간 껴안고 동거했습니다

그 두 친구는 언제나 곁에 찰싹 달라붙어서
부정확한 언어들로 근거 없이 나를 몰아갑니다
입는 것 먹는 것 잠자는 것까지도 까다롭게 굴었습니다
옹졸한 생각의 굴레를 씌워놓고
스마트한 세계에 진입을 방해했지요

아 그런데 요즘 맵시 있는 말로 조곤조곤
안내해 주는 글로벌 거미 망에 빠졌습니다
아락바락 달려드는 두 친구를 이제는 놓을까 합니다

―「생각」 전문

괴테는 파우스트에서 "내 속에는 두 개의 영혼이 살고 있다"라고 하는데, 이 시에서 시인은 두 마리의 개를 키우고 있다고 합니다. 하나는 선입견(견=犬=개)이고, 다른 하나는 편견이라는 개입니다. 한자어의 개를 뜻하는 견犬을 재미있는 말장난pun으로 풍자한 것이네요. 괴테가 말하는 두 개의 영혼은 천상을 지향하는 천사와 지옥으로 이끄는 악마 즉 선과 악을 표현한 것이지만, 이 시에서 말하는 두 마리의 개는, 우리들 눈앞에 보이는 대상을 잘 알지도 못하면서 자신이 가지고 있는 고정관념이나 한쪽으로 치우친 생각을 말하는 것이지요. 그러니 선입견이나 편견은 시인 자신을 "부정확한 언어들로 근거 없이" 몰아가는 것이고, 심지어는 생활의 가장 기본적인 의식주 문제 즉 "입는 것 먹는 것 잠자는 것까지도 까다롭게" 굴면서 마침내 "옹졸한 생각의 굴레를 씌워놓고/ 스마트한 세계에 진입을 방해"하고 있다는 것입니다. 그런데 이제는 "맵시 있는 말로 조곤조곤/ 안내해 주는 글로벌 거미 망에" 빠져서 "아락바락 달려드는 두 친구를 이제는 놓을까 합니다"라고 말합니다.

다시 말하면 "글로벌 거미 망"이라는 인터넷 덕분에 선입견과 편견이라는 "옹졸한 생각의 굴레"를 벗어날

수 있게 되었다는 뜻이지요. 이 시는 노년에 들어 새롭게 배우며 더 넓게 보고 바르게 생각할 수 있게 된 인터넷 문화를 긍정하는 대목으로 보입니다.

그런데 가만히 돌아보면 우리는 누구나 단조로운 일상을 넘어서려고 합니다. 이때 그 넘어서려는 마음은 산 너머 저쪽을 동경하게 되고 그 낯선 곳에 대한 동경은 여행을 꿈꾸게 하는 것이지요. 산 너머 저쪽은 파랑새가 사는 곳, 즉 유토피아로 상정되고 우리의 영혼은 늘 그곳을 동경하고 있지요. 그런데 시인은 여러 가지 현실적인 여건 때문에 여행을 떠나지 못하고 "지구를 손가락으로 걷는다"라고 쓰고 있습니다.

> 지구본 위를 손가락으로 걷는다
>
> 누군가 산티아고에 간다고 한다
> 여행하는 영혼의 그리움으로
> 성인聖人의 순례길, 한 달을 걷는단다
>
> 자전하는 지구에 붙어사는 나
> 거꾸로 선 아파트에 거꾸로 앉아 사색하고
> 거꾸로 달리는 자동차를 거꾸로 타고

시간은 흘러간 게 아니라
　　먼지처럼 해마다 늘어나는 나이처럼 쌓이는데
　　영혼의 문을 열어주기 위함일까
　　빙하기를 지나온 지구의 심장이 뛰고 있다

　　햇살 한 섬이 쌀 한 섬이라는 은혜로운 땅에서
　　손가락으로 걸으며 여기가 어디쯤인지
　　지구 반대편 산티아고를 찾아보는 나는
　　이곳을 떠나지 못하는 앉은뱅이 영혼으로 살아간다
　　　　　―「지구를 손가락으로 걷는다」 전문

　일상에 묶여있는데 어느 날 시인에게 "누군가 산티아고에 간다"라는 소식이 들려옵니다. 그는 "여행하는 영혼의 그리움으로/ 성인聖人의 순례길, 한 달을 걷는"다는 것이지요. 시인은 문득 그곳이 어디인가를 찾아보려고 지구본을 놓고 한국에서 반대편에 있는 스페인의 산티아고까지 손가락으로 짚어 가봅니다. 둥근 지구본을 보니 문득 자신이 둥근 지구에 붙어살고 있다는 생각이 듭니다. 지구 저쪽에 빌딩이 바로 서 있다면 이쪽에는 아파트가 거꾸로 서 있다는 생각이 들어 "자전하는 지구에 붙어사는" 사람들은 저쪽의 기준으로는 이쪽이 거꾸로 매달린 게 된다는 상상을 하면서,

인간존재의 나약성과 마치 앉은뱅이처럼 자신의 자리만을 맴돌고 있는 자신을 생각합니다. 그러고 보니 지금까지 살아온 시간은 흘러가 버린 게 아니라 나이처럼 쌓이는 것이고, 문득 "영혼의 문을 열어주기 위함일까/ 빙하기를 지나온 지구의 심장이 뛰고 있다"는 생각이 납니다. 그리고 "햇살 한 섬이 쌀 한 섬이라는 은혜로운 땅에" 살고 있다는 사실을 생각하면서, "누군가 찾아간 산티아고를" 지구본 위에서 손가락으로 짚어보고 일상성에 갇혀있는 자신과 인간존재의 한계를 되돌아보고 있습니다.

그런데 이 무더운 여름날 무심코 창밖을 내다보니 붉고 아름다운 능소화가 눈에 들어옵니다. 뜨거운 햇살 속에 그 색깔과 모양이 매우 강렬해 보입니다. 이상하게도 아름다움과 슬픔이 겹쳐오는 꽃이라는 생각이 납니다.

    입을 헤벌쭉
    강렬하고 뜨겁게 벌렸다

    입맞춤 후
    당신을 향한 트럼펫을 불었다

신나게 불다가 씩씩하게
이파리마다 숨겨두었던 푸른 숨을 토하도록 불었다

장송곡이다

뚝 뚝 뚝
피를 쏟았다

맨발로 붉은 꽃 강을 건넜다

— 「능소화」 전문

능소화凌霄花는 그 아름다운 모양과는 달리 하늘을 업신여긴다는 그 이름이 매우 거칠어서 특별한 느낌을 주는 꽃이지요. 하늘을 업신여기는 꽃이라니…. 그러면서도 양반집 담장 안에만 심었다는 그 꽃에 대한 몇 가지 전설을 떠오르게 합니다. 그리고 무더운 한여름에 피기 때문에 시인은 그 꽃을 "강렬하고 뜨겁게 벌렸다"고 묘사하고 있네요. "입을 헤벌쭉"하게 벌린 모양은 입이나 구멍 따위가 속이 들여다보일 정도로 넓게 벌어진 상태를 뜻하는 말이지요. 더구나 깔때기 모양으로 생겼기 때문에 시인은 그 생김새를 입을 헤벌쭉 벌린 모습으로 묘사한 것 같습니다. 그런데 그런 묘사만으로는 시가 되지는 않겠지요. 그래서 여기에 시인 자신의 시적 상상력을 가미하여 꽃의 깔때기 모양을 트럼펫으로 유추해서 그 금관악기가 내는 금빛 소리를 듣습니다. 능소화가 트럼펫을 "신나게 불다가 씩씩하게 이파리마다 숨겨두었던 푸른 숨을 토하도록 불었다"는 것이지요. 이파리마다 숨겨두었던 푸른 숨이라는 강렬한 생명력과 삶의 의지를 토해내는 것이 능소화라는 것입니다. 그런데 그 신나게 부는 트럼펫 음악이 다름 아닌 "장송곡"이라는 역설적 표현이 긴장감을 조성합니다. 신나는 장송곡이라니….

장송곡funeral march은 글자 그대로 장례식 때 연주하는 음악이 아닌가요? 그러므로 슬프고 장중한 느낌을 주는 것인데 "신나게" 분다는 것은 역설이지요. 여기서 어쩌면 인간의 삶이 바로 역설이 아닌가 하는 생각에 미치자, 능소화는 "뚝뚝뚝 피를" 쏟으면서 돌연히 "맨발로 붉은 꽃 강을" 건너가는 것입니다. 맨발이란 신을 벗어 대지와 접지한 상태이고, 이때 대지는 바로 신성한 자연을 뜻하는 것이지요. 그리고 꽃 강은 장송곡과 연결되어 죽음의 강입니다. 그리하여 맨발로 죽음의 강을 건너가는 이 아름다운 비극적 장면을 통해서 시인은 삶과 죽음 혹은 사랑과 이별이라는 삶의 거부할 수 없는 숙명을 읽어내고 있습니다.

그런가 하면 우리는 지금 일찍이 경험하지 못했던 풍요의 시대를 살고 있습니다. 의술의 발달로 웬만한 질병은 극복되어 수명도 많이 늘어났습니다. 옛날에는 인생칠십고래희人生七十古來稀라고 했지만, 지금은 우리의 평균수명이 칠십을 훨씬 웃돌고 있지요. 그래서인지 요즘 시니어 세대에게 가장 큰 관심의 하나는 치매라는데 시인은 그것을 "영혼의 외출"이라고 쓰고 있습니다.

    인디언이 말 달리다 뒤를 바라보고 앉았다네요
    영혼이 따라오지 못했을까 기다리다 달린대요
    어릴 적 '이야기 주머니'의 영혼도 외출을 하나 봐요

    아침밥을 먹다 말고 발코니에 갖다 놓고
    -배고플 테니 어서 밥 먹어!
    옷방에 손 편지 써 놓고
    -여기는 내 집이니 식솔 데리고 얼른 나가!

    침대가 편치 못해 방바닥에 자다가
    아내의 침대 속에 딴 사내 있다고
    한밤에 한바탕 난리를 피우는
    그의 영혼은 잠깐씩 어디론가 갔다 오나 봐요

머리에서 꼬물꼬물 귀에서도 소물소물
영혼은 상쾌 모드에서 우울 모드로 넘나들고
남의 무릎이나 어깨에도 들락날락하면서
파킨슨 씨는 시시때때로 외출을 하나 봐요
—「파킨슨 씨의 외출」전문

　치매癡呆라는 노인의 퇴행성 뇌 질환은 현대의학으로도 치료 방법이 없다는 무서운 병입니다. 암이나 디스크처럼 특정 부위에 발병하여 약물이나 수술요법으로 제거할 수 있는 게 아니면서, 기억력과 인지기능이 떨어지게 되어 일상적인 활동이 어려워지는 것이지요. 파킨슨병의 경우는 운동능력이 떨어져 보행이 어려워지고 수전증手顫症뿐만 아니라 인지기능 저하로 환시幻視 구음장애構音障礙 등이 나타나면서 알츠하이머와 마찬가지로 치매로 진행된다고 합니다. 그래서 무엇보다 돌보는 가족에게 말할 수 없는 부담과 고통을 주게 되지요. 그렇게 심각한 질환이어서 예컨대 그런 것을 다룬 〈어웨이 프롬 허Away From Her〉나 〈아무르Amour〉 같은 영화가 큰 반향을 일으키는 것이지요. 시인은 그러한 파킨슨병에 걸린 치매 환자의 증상을 몇 장면 보여주면서 그것을 "영혼의 외출"이라고 표현하고 있습니다. 영혼의 외출이라니…. 그 말은 사람을 사람답게 하는 정신이 망가졌다는 뜻이지요. 그래서 일상생활과는 동떨어진 말을 하고 행동하는 파킨슨병 환자를 시인은 "파킨슨 씨"라고 호칭하면서 절제된 언어로 묘사하고 있습니다. "인디언이 말달리다 뒤를 바라보고 앉았다네요/ 영혼이 따라오지 못했을까 기다리다 달린대요"라든가 "침대가 편치 못해 방바닥에 자다가/ 아내의 침대 속에 딴 사내 있다고/ 한밤에 한바탕 난리를 피우는" 환자의 모습이 그것이지요. 냉정하게 말해서 어쩌면 인생의 말년에는 거의 누구나 당하게 될 "영혼의 외출" 상태를 보여주는 것입니다. 그렇습니다. 여기서 "파킨슨 씨"는 대부분의 노인들이 숙명적으로 맞이하게 될 모습이 아닐는지요?

이런 걱정스러운 노년의 장면을 보여주면서도 시인은 인간을 넘어서는 더 큰 생명 사랑을 자연에서 읽어내고 찬양합니다.

> 나무가 수의를 벗는 망각의 계절도 지났는가
>
> 깨어나는 모든 것이 눈부신
> 찻잔처럼 따뜻한
> 남도의 한정식 같은 종합 선물세트 봄

비릿하게 와닿는 빗물은 대지의 젖
풀 한 포기 나무 한 그루도
아기나 송아지같이 젖으로 키워지고

모유 맛을 잊은 사람도
고로쇠 수액 받아 나무 젖을 마신다

나무는 상처도 마다 않고 피가 줄줄 흐르고
육신이 쑤셔도 검은 젖 흰 젖 모두 쏟아
사람들에게 종이, 비누, 도료, 송탄유로 내어주고

기꺼이 상처에 젖을 발라 스스로 치유하는
놀라운 인술의 어머니
모든 생명은 자연의 젖으로 살아간다

―「젖」전문

사전적으로 말하면 젖은 포유류 암컷의 유선에서 만들어지는 액체로서 새끼를 기르는 영양분으로 완전식품입니다. 대표적으로 떠오르는 게 엄마 젖인 모유와 소의 젖인 우유인데, 특히 우유는 음용할 뿐만 아니라 버터 치즈 요구르트 등 많은 가공식품이 되고 있습니다. 여기서 시인은 젖을 나무의 수액이나 진액 심지어는 빗물에까지 투사하여 그것을 "대지의 젖"이라고 합니다. 그리고 그 젖을 제공하는 모성을 자연으로 확대하여 "모든 생명은 자연의 젖으로 살아간다"고 노래합니다. 추운 겨울이 지나가고 "남도의 한정식 같은 종합 선물세트 봄"이 오면 봄비가 내려 죽은 듯 웅크렸던 나무나 땅속에 숨어있던 풀이 살아나는데, 그것은 빗물이 다름 아닌 "대지의 젖"이어서 마치 송아지가 어미의 젖으로 키워지는 것과 같이 "풀 한 포기 나무 한 그루도" 그렇게 자란다는 것입니다. 그리고 어른이 되어 "모유 맛을 잊은 사람도/ 고로쇠 수액 받아 나무 젖을 마신다"고 말합니다. 그것은 나무의 수액으로 비유된 젖이 상처를 치유하는 놀라운 인술의 어머니 역할을 하고, 모든 생명은 자연의 젖을 통하여 상응하면서 살아간다는 것입니다.

  이상에서 몇 편의 시에 대한 소박한 감상문을 써 보았는데, 그것은 어디까지나 나의 취향을 피력한 것이므로 이 글을 읽는 독자들은 의견이 전혀 다를 수 있음을 말씀드립니다. 그리고 이 시집 『빵지순례』를 펴낸 오상량 시인께 건강과 문운이 함께하기를 바랍니다.

(*)